Miguel de Cervantes Saavedra

EL QUIJOTE

Para estudiantes de español

THE QUIXOTE FOR SPANISH LEARNERS

LEVEL A2 BEGINNERS

Miguel de Cervantes Saavedra (1605)

Edited by / Editado por: Read It!

Adapted by / Adaptado por: J. A. Bravo

Ilustrations by / Ilustraciones: Francis Rodríguez

Cover design / Diseño de portada: Read It!

Contact / Contacto: info@readited.es

ISBN-13: 978-1499199420

ISBN-10: 1499199422

PRIMERA PARTE

Capítulo I

Don Quijote de la Mancha

En un lugar de la Mancha, de cuyo nombre no quiero acordarme, no hace mucho tiempo que vivía un hidalgo.

No era rico, pero tampoco pobre. Tenía 50 años y se llamaba Alonso Quijano. Era un hombre fuerte pero muy delgado. Madrugaba mucho y era muy aficionado a la caza. Vivía nuestro hidalgo con una vieja ama de llaves, una joven sobrina y un criado que servía para todo. Don Alonso era también muy aficionado a los libros de caballerías. Le gustaban tanto los libros que olvidó la administración de sus bienes. Pasaba los días y las noches leyendo sin parar. Así, de dormir poco, de no comer y de tanto leer, se volvió loco.

Su cabeza se llenó con todo lo que leía en los libros. Pensaba que los caballeros de sus libros eran reales y que existían.

Un día don Alonso mientras leía tuvo la idea más extraña del mundo. Quiso convertirse en caballero andante y salir a buscar aventuras y arreglar injusticias.

Bajó al corral y encontró una armadura vieja que fue de su bisabuelo. Luego trajo a su caballo que era tan viejo, feo y flaco como él. En ese momento se dio cuenta de que tenía que buscar un nombre para su caballo. Todos los caballeros andantes tenían nombres famosos así como sus caballos. Cuatro días estuvo buscando y buscando hasta que lo encontró. Lo llamó Rocinante.

Después buscó un nombre para sí mismo. Ocho días después lo encontró. Decidió llamarse Don Quijote. Recordó que todos los caballeros andantes añadían a su nombre el nombre de su patria. Así que se puso por nombre don Quijote de la Mancha.

Había leído que todos los caballeros andantes estaban enamorados de una dama. En un pueblo cercano vivía una joven de la que estuvo enamorado. Se llamaba Aldonza Lorenzo. Él decidió que ella sería su dama y que se llamaría Dulcinea del Toboso.

De tanto leer perdió la cabeza

Capítulo II

La primera salida de don Quijote

ensó don Quijote que el mundo lo necesitaba. Pensó que tenía que salir a vivir aventuras.

Así una mañana de julio, se puso la armadura de su bisabuelo que había limpiado, subió a su caballo Rocinante y salió al campo por la puerta del corral. No dijo a nadie lo que iba a hacer y nadie lo vio irse.

En ese momento recordó que no podía entrar en batalla. No había sido armado caballero. Según las leyes de caballería no podía luchar con nadie hasta que no fuese armado caballero. Decidió que el primer caballero andante que encontrase le armaría caballero.

Caminó todo el día montado en Rocinante sin que nada ocurriera. Al atardecer don Quijote y su caballo estaban muy cansados y muertos de hambre. Entonces a lo lejos vio una posada. En su cabeza se imaginó un castillo. Pensó que el señor del castillo podría armarle caballero.

En la puerta de la posada había dos criadas. Don Quijote creyó que las dos criadas eran dos princesas. Ellas cuando lo vieron vestido de aquella manera, con su armadura, la lanza, el escudo y el casco se asustaron y fueron a esconderse.

Don Quijote les dijo:

—No huyan, no teman nada señoras.

Cuando oyeron que las llamaba señoras se echaron a reír. Don Quijote se enfadó. Entonces salió el posadero. Al ver a don Quijote estuvo también a punto de echarse a reír. Sin embargo hablando muy tranquilo dijo:

—Señor caballero, en esta posada tenemos comida, vino y agua para su caballo.

—Señor, cualquier cosa estará bien— respondió don Quijote.

—Entonces baje del caballo— Dijo el posadero.

El posadero le ayudó a bajar del caballo.

—Cuide bien a mi caballo, señor— dijo don Quijote— pues no hay caballo en el mundo mejor que este.

El posadero miró el caballo, le pareció viejo, feo y que no valía para nada. Luego llevó a Rocinante a la cuadra mientras las criadas ayudaban a don Quijote a quitarse la armadura. Consiguieron quitarle todo menos el casco.

Don Quijote creyó que eran dos bellas princesas las que le ayudaban y les dijo:

—Señoras mías mi nombre es don Quijote de la Mancha y Rocinante es mi caballo. Suyo soy desde este momento.

Puso el posadero una mesa en el patio de la posada. La comida era bacalao y un pan duro. Como no pudo quitarse el casco no podía comer ni beber. Tuvo el posadero que introducirle la comida por debajo del casco y le dio de beber con una cañita.

Imaginó don Quijote que estaba en un bello y lujoso castillo. Que las criadas eran dos bellas princesas y que el posadero era el señor del castillo. Imaginó que la comida eran ricos manjares y que bebía el mejor vino del mundo en lugar de agua del pozo.

Capítulo III

La graciosa manera que tiene don Quijote de armarse caballero

on Quijote necesitaba armarse caballero. Así que habló con el posadero:

—Necesito señor que me haga un favor.

—Dígame qué necesita— dijo el posadero.

—Necesito que me arme caballero— dijo don Quijote poniéndose de rodillas.

—Señor yo no puedo hacer eso— dijo el posadero tirando del brazo de don Quijote para que se levantara.

—Se lo suplico, no puedo entrar en batalla hasta que no sea armado caballero— dijo don Quijote.

— Está bien, lo haré— dijo el posadero—. ¿Queréis señor que lo haga ahora?

—No, esta noche velaré mis armas en la capilla de este castillo y mañana al amanecer me armará usted caballero.

El posadero sabía que don Quijote estaba loco, y decidió reírse de él.

—Señor ¿tiene usted dinero?— preguntó el posadero.

— No— dijo don Quijote extrañado—. Nunca leí en los libros de caballerías que los caballeros llevaran dinero.

— No lo ha leído usted porque no hace falta. Pues sepa usted señor que los caballeros andantes siempre llevan dinero. Además de un escudero que les ayuda y sirve.

—No lo sabía, sepa que seguiré su consejo y siempre llevaré conmigo a un escudero con dinero y ropa limpia además de medicinas— dijo don Quijote mientras ponía sus armas en el patio junto al pozo.

Don Quijote comenzó a velar sus armas. Paseaba a un lado y a otro del patio recitando oraciones.

Un pastor que dormía en la posada quería dar de beber a sus animales, y fue a quitar la armadura de don Quijote del pozo. Cuando don Quijote lo vio, gritó:

—Quita tus manos de esas armas, son sagradas. ¡Quítalas si no quieres morir!

El pastor no hizo caso de don Quijote y tiró la armadura al suelo. Al verlo, don Quijote miró al cielo y como si hablara con su señora Dulcinea, dijo:

—¡Ayúdame señora, pues voy a entrar en batalla!

Dicho esto, cogió la lanza y golpeó al pastor en mitad de la cabeza. Otro pastor que estaba allí fue al pozo al oír el ruido. Entonces don Quijote también lo golpeó en la cabeza y le hizo una gran herida. Toda la gente que dormía en la posada salió al patio. Don Quijote al verlos cogió su espada y dijo:

— ¡Oh hermosa señora, no sé si saldré vivo de esta gran batalla!

Los otros pastores empezaron a tirar piedras a don Quijote y él los amenazaba con la espada:

— ¡Cobardes, venid, mataré a todo el que se acerque!

Decía esto con tanta fuerza que asustó a todo el mundo. Y dejaron de tirarle piedras. Por lo que don Quijote siguió velando sus armas toda la noche.

A la mañana siguiente, vino el posadero con un libro en la mano. Pidió a don Quijote que se arrodillase. Mientras decía una oración, dio un golpe a don Quijote con la espada en el hombro. Luego ordenó a una de las criadas que ciñera la espada a don Quijote. La joven al ponerle la espada dijo:

— Aquí un valiente caballero.

Don Quijote le pregunto cómo se llamaba.

— Mi nombre es Tolosa y soy de Toledo. Desde este momento seré su servidora.

— Desde hoy te llamaras doña Tolosa y seré yo su servidor— dijo don Quijote.

Terminó la ceremonia y el posadero entregó su caballo a don Quijote. Don Quijote agradeció al posadero el favor de armarle caballero y se despidió.

— Con esta espada yo te ordeno caballero.

Capítulo IV

Lo que le pasó a don Quijote al salir de la posada

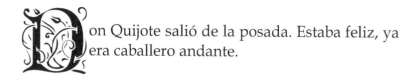on Quijote salió de la posada. Estaba feliz, ya era caballero andante.

Decidió volver a casa, necesitaba dinero, un escudero y ropa limpia, como le había dicho el posadero.

De repente oyó gritos. Alguien necesitaba su ayuda. Dirigió a Rocinante hacia el lugar de donde venían los gritos.

Entonces vio a un niño atado a un árbol. El niño gritaba mientras un hombre le golpeaba con un palo.

— ¡No lo haré más señor! —gritaba el niño.

Don Quijote sacó la lanza y apuntando al hombre dijo:

— ¡Cobarde! ¿Pegáis a un niño? ¿Pegáis a quien no puede defenderse? Pelead conmigo y sabréis lo que es pelear con un hombre.

El hombre al ver a Don Quijote con la lanza apuntándole, con su armadura, casco y escudo, pensó que iba a morir y se tiró al suelo asustado.

— ¡Señor por favor! No me matéis. Este chico es mi criado. Acaba de perderme una oveja, todos los días pierde una.

—Señor caballero — dijo el chico—. Mi amo dice la verdad. He perdido algunas ovejas. Me he vuelto muy descuidado, pero es porque él no me paga.

— ¿Que no te paga? ¿Cuánto dinero te debe? — dijo don Quijote.

—Señor, me debe nueve meses de sueldo— dijo el chico.

— Desátalo ahora mismo y págale lo que le debes, si no quieres morir— dijo don Quijote.

—Señor caballero— dijo el hombre mientras desataba al chico—. Aquí no tengo dinero, ven a mi casa y allí te pagaré.

— No iré con el— dijo el chico—. Cuando estemos solos me matará a palos.

—No hará eso— dijo don Quijote—. Yo le he ordenado que os pague y os pagará.

—Así lo haré — dijo el hombre—. Lo juro por mi honor.

Don Quijote volvió a Rocinante hacia el camino y empezó a alejarse de ellos. Giró la cabeza y dijo al hombre:

—Cumplid con lo que habéis jurado. Si no pagáis al chico volveré y os castigaré. Lo habéis jurado por vuestro honor. Sabed que soy el famoso y valiente caballero don Quijote de la Mancha.

Y diciendo esto se alejó. El hombre se quedó mirando cómo se alejaba. Cuando estaba muy lejos se volvió a su criado y le dijo:

—Ven que voy a pagarte lo que te debo.

Lo ató de nuevo al árbol y le dio tantos palos que lo dejó casi muerto.

Después de cabalgar dos millas encontró don Quijote a un grupo grande de gente. Eran mercaderes que iban a comprar seda.

Don Quijote en cuanto los vio, sacó la espada y gritó:

— ¡Deteneos! Juro por Dios que morirá aquí mismo el que no diga que no hay dama más bella que mi señora Dulcinea del Toboso.

—Señor caballero, nosotros no conocemos a esa señora—dijo uno de los mercaderes—. Si nos enseña un retrato y vemos que es bella, lo diremos.

— ¿Y qué mérito tiene eso?— dijo don Quijote—. Lo importante es decirlo sin verla. Tendréis que pelear conmigo y moriréis.

—Señor le suplico que nos enseñe un retrato. Y aunque sea tuerta diremos que es bella— dijo otro mercader.

—¿Tuerta mi señora?— dijo don Quijote sacando la lanza—. Canalla ¡Vas a morir!

Intentó don Quijote golpear al mercader con la lanza, pero Rocinante tropezó con una piedra y cayó al suelo. Don Quijote cayó también, intentó levantarse pero no pudo, la armadura pesaba demasiado. Desde el suelo gritaba:

—No huyáis cobardes, que por culpa de mi caballo estoy aquí tirado.

Un muchacho que venía con los mercaderes, comenzó a darle golpes a don Quijote con un palo hasta que el palo se rompió. Los mercaderes siguieron su camino y dejaron a don Quijote tirado y apaleado.

— ¿Pegáis a un niño? ¡Cobarde!

Capítulo V

Continúa la narración de la desgracia de nuestro caballero

on Quijote no podía moverse y empezó a acordarse de su señora Dulcinea.

Quiso la suerte que al rato pasara por allí un campesino vecino suyo. Al ver al hombre en el suelo, se acercó a   él y le preguntó quién era. Don Quijote empezó a hablar de sus aventuras. Su vecino le quitó el casco y le limpió la cara, lo reconoció y le dijo:

—Señor Quijano, ¿Quién le ha hecho esto?

Don Quijote no reconoció a su vecino y seguía contando sus aventuras. Éste lo levantó y lo subió a su burro. Luego recogió todas sus armas, a Rocinante y se dirigió a su pueblo.

Llegaron al pueblo al atardecer, pero el campesino esperó hasta la noche. No quería que nadie viera a don Alonso en tan mal estado. Entraron al pueblo y fueron a casa de Don Quijote.

Don Alonso llevaba tres días desaparecido y todos estaban muy preocupados. Estaban en la casa el ama, la sobrina, y dos amigos de don Alonso, el cura y el barbero.

—Señores— dijo don Quijote—. Vengo herido. Déjenme en mi cama y llamen a la bruja Urganda que me cure.

— ¿Bruja Urganda? — preguntó el ama—. Mi señor se ha vuelto loco. Hace tres días que no aparece. ¡Malditos libros!

Le llevaron a la cama y vieron que no tenía ninguna herida.

—Estoy molido. — Dijo don Quijote. — Me caí de Rocinante mientras luchaba con unos gigantes.

—¿Gigantes? ¡Mañana quemaremos esos malditos libros!— dijo el cura.

Hicieron a don Quijote mil preguntas pero no respondió a ninguna. Pidió comida y que lo dejasen dormir.

Capítulo VI

Cómo el cura y el barbero sacan los libros de la biblioteca de don Quijote

A la mañana siguiente, mientras don Quijote dormía, el cura y el barbero pidieron la llave de la biblioteca a la sobrina.

Entraron. Había más de cien libros grandes y muchos más pequeños. Decidieron que algunos podían salvarse. Así que comenzaron a revisarlos.

—Señor cura— dijo la sobrina—. No perdone a ninguno, todos han dañado la mente de mi tío. Tiradlos todos por la ventana al patio y allí haremos una hoguera.

El cura quería salvar algunos. A él también le gustaban los libros de caballerías. Y sabía que don Alonso tenía muchos libros valiosos. Sabia el cura que don Quijote había vendido algunas tierras para comprar más libros. Pero la sobrina y el ama insistieron. Así que tiraron todos los libros por la ventana.

Cuando terminaron de sacar todos los libros llamó el ama a un albañil y tapó la entrada a la biblioteca.

SEGUNDA PARTE

Capítulo VII

La segunda salida de don Quijote

Se despertó don Quijote al oír tanto ruido y comenzó a gritar:

— ¡A mí valientes caballeros!

Cuando llegaron al dormitorio de don Quijote, él estaba de pie en la cama luchando con un enemigo imaginario. Lo volvieron a acostar. Cuando se quedó tranquilo le dieron de comer y se durmió.

Aquella noche quemó el ama todos los libros en el patio. No salvó ninguno.

Dos días después se levantó don Quijote de la cama. Fue directamente a la biblioteca y se encontró una pared. Don Quijote estaba temblando.

— ¿Qué busca usted señor? —dijo el ama—. No hay ya biblioteca ni libros, se los llevó el diablo.

—No fue el diablo— dijo la sobrina—. Fue un encantador que vino anoche sobre una nube.

—Ha sido Frestón— dijo don Quijote—. Es un gran enemigo mío.

—Señor tío— dijo la sobrina—. ¿Por qué se mete usted en estas cosas? ¿No es mejor quedarse en casa tranquilo?

—Oh querida sobrina— respondió don Quijote. — No soy hombre de buscar peleas, pero no dejaré que nadie me toque un pelo de la cabeza.

No quisieron hablarle más porque se estaba enfadando.

Estuvo don Quijote quince días en casa tranquilo. El cura y el barbero venían a visitarlo y hablaban de cacerías y rentas.

En estos días llamó don Quijote a un vecino suyo llamado Sancho Panza. Era labrador, buena persona pero poco inteligente. Quería don Quijote que fuera su escudero. Don Quijote le prometió oro, riquezas y una isla. Así que Sancho dejó a su mujer e hijos y se fue con don Quijote.

Don Quijote necesitaba dinero y vendió algunas cosas y consiguió una buena cantidad. Arregló sus armas y avisó a Sancho para que se preparara. El escudero llevaba unas alforjas con comida y un asno. Don Quijote no había leído que los escuderos de caballeros famosos fuesen montados en asno. Pero decidió que podía llevarlo hasta que le quitaran el caballo a un caballero enemigo.

Metió don Quijote en su equipaje ropa, dinero y medicinas como le dijo el posadero y una noche salieron sin que nadie los viese. Caminaron hasta que estuvieron seguros de que nadie los encontraría.

Iba Sancho Panza montado en su asno muy contento. Se imaginaba gobernador de una isla, como le prometió don Quijote. Sancho dijo:

—Señor don Quijote, no olvide mi isla. Que yo sabré gobernarla aunque sea grande.

—Tienes que saber, amigo Sancho Panza, que es costumbre en los caballeros andantes hacer gobernadores a sus escuderos. Así que si gano una isla será para ti y si gano un reino será para ti también. Serás rey Sancho.

—Así— dijo Sancho—, si yo soy rey, mi mujer será reina y mis hijos príncipes.

— ¿Pues quién lo duda? — respondió Don Quijote.

—Yo lo dudo— dijo Sancho Panza—. Porque la corona de reina no le quedaría bien a María Gutiérrez mi mujer. Ella no vale para reina. Mejor condesa.

—Dios te dará lo que necesites—dijo don Quijote—
. No te desanimes, serás gobernador.

—No me desanimo señor— respondió Sancho—.
Sé que usted me dará lo que sea bueno para mí.

Salieron muy temprano sin que nadie les viese

Capítulo VIII

La aventura de los molinos de viento

En esto, descubrieron treinta o cuarenta molinos de viento. Cuando los vio don Quijote dijo a Sancho:

— ¡Qué suerte tenemos Sancho! Mira allí hay treinta o cuarenta gigantes. Pelearé con ellos y los mataré. Ganaremos mucho dinero. Que matar gigantes está bien pagado, Sancho.

— ¿Qué gigantes? — dijo Sancho Panza.

— Aquellos — respondió don Quijote —. ¿No los ves con esos brazos tan largos?

— Mi señor, aquello no son gigantes — dijo Sancho —. Son molinos de viento, y lo que parecen brazos son sus aspas.

— Sancho no sabes nada de aventuras. Si tienes miedo apártate a un lado y reza. ¡Que yo luchare contra ellos! — gritó don Quijote.

Y diciendo esto, se volvió hacia los molinos. Sancho gritaba que no eran molinos, pero don Quijote no le oía. Mientras se acercaba gritaba:

—No huyáis cobardes, un solo caballero es el que os ataca.

Comenzó a hacer viento y las aspas se movieron.

— ¡Aunque mováis los brazos me las vais a pagar! —gritaba don Quijote.

Atacó al primer molino y le dio con la lanza en el aspa, pero el viento giró el aspa y partió la lanza. Don Quijote y Rocinante volaron por los aires y cayeron al suelo dando un gran porrazo. Llegó Sancho corriendo y vio que su señor no podía moverse.

— ¿No le dije, señor, que eran molinos?

—Calla, amigo Sancho— respondió don Quijote—. El mago Frestón que robó mis libros ha convertido en molinos a los gigantes.

Sancho le ayudó a levantarse y a subir a Rocinante. Hablando de la aventura pasada llegaron al camino de Puerto Lápice. Pensaba el caballero que allí encontraría muchas aventuras. Era la hora de comer y don Quijote no tenía hambre. Dio permiso a Sancho para comer. Sancho sacó su comida de la alforja y mientras comía pensaba en su isla.

Aquella noche durmieron entre unos árboles. Con la rama de uno de ellos hizo don Quijote una lanza. Toda la noche pasó don Quijote pensando en Dulcinea. Había leído en los libros que muchos caballeros no dormían pensando en sus señoras. Sancho con el estómago lleno durmió toda la noche.

Por la mañana temprano venían por el camino dos frailes y detrás de ellos venía un carruaje con cuatro o cinco hombres a caballo y dos mozos de mulas.

Don Quijote al verlos dijo a Sancho:

—O yo me equivoco, o esta va a ser otra aventura. Porque aquellos hombres son brujos que llevan secuestrada a alguna princesa. Tenemos que liberarla.

—Esto va a ser peor que lo de los molinos— dijo Sancho. — Señor aquellos son frailes y el carruaje será de algún viajero.

—Ya te he dicho, Sancho— respondió don Quijote— que no sabes nada de aventuras. Lo que te he dicho es verdad y lo verás.

Se puso don Quijote en medio del camino y dijo:

— ¡Brujos y demonios! Soltad ahora mismo a las princesas. Soltadlas o moriréis.

Pararon los frailes y se quedaron sorprendidos. Le respondieron:

—No somos brujos ni demonios. Somos frailes. Además no sabemos nada de princesas secuestradas.

— ¿Qué? Os conozco bien. ¡Canallas!— gritó don Quijote.

Y sin esperar más picó a Rocinante y atacó al primer fraile. El fraile se tiró al suelo para evitar el ataque. El otro fraile echo a correr.

Sancho llegó hasta el fraile caído y comenzó a quitarle la ropa. Llegaron dos criados de los frailes y preguntaron porque le quitaba la ropa.

—Tengo derecho al botín que dejó mi amo—dijo Sancho.

Los dos criados comenzaron a golpear a Sancho. Sancho quedó tirado en el suelo, sin sentido. El fraile se levantó y huyó a esconderse.

Mientras don Quijote se acercó al carruaje y dijo a la señora:

—Señora, sois libre. Mi nombre es don Quijote de la Mancha, caballero andante. Mi señora se llama Dulcinea del Toboso. Para pagar el favor que os he hecho, iréis a presentaros a mi señora a su casa.

Mientras don Quijote decía esto un criado que montaba una mula lo oyó. Al ver que don Quijote quería que fueran al Toboso dijo en voz muy alta:

— ¡Caballero si no nos dejas seguir nuestro camino te mato aquí mismo!

—Si fueras caballero y no lo eres, te castigaría por tu atrevimiento— dijo don Quijote muy tranquilo.

— ¿Que no soy caballero? Saca la espada y verás si soy caballero o no— gritó el criado.

— ¡Ahora mismo!— gritó don Quijote.

Sacó su espada don Quijote y atacó al criado con fuerza. El criado que era experto en la lucha dio a don Quijote una cuchillada en el hombro.

El caballero sintió el dolor en su hombro y dijo:

— ¡Oh mi señora Dulcinea, ayudadme!

Don Quijote volvió a atacar. El criado le esperaba cubierto con una almohada que cogió del carruaje. Mientras, la señora y sus criadas rezaban para que ninguno de los dos hombres muriera.

— !Mi señor que no son gigantes que son molinos!

Capítulo IX

El final de la batalla de don Quijote y el criado

eguían don Quijote y el criado con las espadas levantadas.

El primero en atacar fue el criado. Golpeó con mucha fuerza. Le dio en el hombro a don Quijote y le cortó una oreja.

Don Quijote estaba como loco. Con las dos manos golpeó al criado en la almohada que usaba como escudo con todas sus fuerzas. El criado comenzó a sangrar por la nariz, por la boca y por las orejas. Se asustó la mula y tiró al pobre hombre al suelo.

Don Quijote bajó de Rocinante y fue hacia él con la espada en la mano. Y poniendo la punta de la espada delante de sus ojos gritó:

— ¡O te rindes o te corto la cabeza! —

Las mujeres desde el carruaje pedían a don Quijote que le perdonase la vida.

Don Quijote les dijo:

—Señoras, le perdonaré la vida. Si este caballero se rinde y va a visitar a mi señora Dulcinea.

—Señor don Quijote de la Mancha— dijo la señora desde el carruaje—. Mi criado hará lo que usted le mande.

—Entonces no le haré más daño— dijo don Quijote.

Sancho Panza que estaba atento a la batalla, rogaba a Dios que ganase don Quijote una isla para hacerle gobernador. Acabada la batalla, fue Sancho a buscar a don Quijote. Se puso de rodillas y dijo:

—Señor, deme ya el gobierno de la isla que ha ganado en esta batalla.

—Amigo Sancho— respondió don Quijote—, esta aventura no es de ganar islas, ni reinos. En esta aventura no he ganado otra cosa que un hombro herido y una oreja partida. Ten paciencia, habrá otras aventuras, en las que ganaré un reino para ti.

Sancho lo agradeció y ayudó a don Quijote a subir a Rocinante. Subió él a su asno y siguió a su señor.

Pasó don Quijote junto al carruaje sin despedirse y entró en un bosque cercano. Sancho caminaba detrás mientras decía:

—Señor don Quijote, será mejor que busquemos una iglesia. Porque el criado está muy mal herido y puede morir. Si muere nos prenderán e iremos a la cárcel.

— ¡Calla! — respondió don Quijote—. ¿Dónde has leído tú que un caballero andante haya ido a la cárcel?

—La verdad señor, es que nunca leí nada— dijo Sancho—. Pues no sé leer ni escribir. Lo que me preocupa es su oreja, pues la tiene muy mal herida.

—No te preocupes amigo Sancho— dijo don Quijote—. Que cuando encontremos un castillo o posada haré Bálsamo de Fierabrás y me curaré.

— ¿Y qué es eso mi señor?— preguntó Sancho.

—Es un ungüento milagroso que cura todas las heridas, tengo la receta en la cabeza. Con solo una gota puedes curar y hasta revivir a un moribundo — respondió don Quijote.

—Pues señor, si usted me da esa receta, yo renuncio al gobierno de la isla que me prometió. — dijo Sancho.

Y diciendo estas y otras cosas don Quijote empezó a tener hambre y pregunto:

—Amigo Sancho, ¿traes algo de comer?

—Señor, solo pan, queso y cebollas. Esto no es comida para un caballero— respondió Sancho.

—Ay, querido amigo, los caballeros andantes comemos cualquier cosa o podemos estar sin comer más de un mes.

Era ya muy tarde y al no encontrar posada o castillo donde alojarse, deciden acercarse a las chozas de unos cabreros.

Capítulo X

La cena de don Quijote con unos cabreros

staban los cabreros sentados preparando la cena. Tendieron dos pieles de oveja en el suelo e invitaron a don Quijote y Sancho a sentarse con ellos.

Sacaron del fuego un caldero lleno de carne de oveja. Al oler don Quijote el aroma que salía del caldero se sentó. Sin embargo Sancho se quedó de pie a su lado. Don Quijote al verlo le dijo:

—Amigo Sancho, quiero que te sientes a mi lado. Quiero que te sientes a comer con esta buena gente. Yo soy tu amo y tú mi criado, pero quiero que comas de mi mismo plato y bebas de mi mismo vaso. Porque las aventuras de caballería son iguales que el amor, que todo lo iguala.

—Señor don Quijote— respondió Sancho—. Le agradezco su invitación, pero no puedo sentarme con ustedes. Prefiero comer solo en un rincón.

—Amigo siéntate— dijo don Quijote.

—Señor, de verdad que no puedo— dijo Sancho—. Si me siento a su lado tendré que ser educado y no me enseñaron mis padres educación en la mesa.

—Que te sientes ¡Caramba!— gritó don Quijote.

Y cogiendo don Quijote a Sancho del brazo lo sentó a su lado.

Después de comer y beber abundante vino don Quijote se levantó y con su vaso de vino en la mano comenzó a decir:

—Buena gente, os debo un favor por vuestra hospitalidad, que yo sabré pagar—. Y levantando su copa de vino continuó diciendo—. Hace muchos años el mundo vivía en la edad de oro. En la edad de oro no existían las palabras "tuyo y mío". Todo se compartía. Fue una época de paz y amistad. Pero ahora el mundo está lleno de maldad. Por lo que fue necesario crear la orden de los caballeros andantes. Para ayudar a la buena gente, princesas, viudas y huérfanos. Yo señores, soy un caballero andante. Y para agradecer vuestra hospitalidad, desde este momento estoy a vuestro servicio.

—Señor caballero— dijo uno de los cabreros—. Agradecidos estamos por el favor que nos hace. Y para distraernos un compañero nuestro va a venir a cantarnos una canción.

De repente de unos matorrales salió un muchacho tocando una guitarra. Tenía el muchacho veinte años y era alto y guapo.

— ¿Has cenado Antonio? —dijo uno de los cabreros.

—Sí, gracias— contestó Antonio.

Se sentó Antonio en el suelo junto a don Quijote y empezó a cantar una canción. A don Quijote le gustó mucho esta canción y pidió al muchacho que cantase otra. Al oír esto Sancho dijo:

—Señor, estoy muy cansado. Me gustaría dormir un poco.

—Amigo Sancho— respondió don Quijote. — Tienes razón, es tarde para canciones. Échate a dormir que yo haré guardia toda la noche. Pero tienes que curarme esta oreja, me está doliendo.

Empezó Sancho a curar la oreja a don Quijote y vio uno de los cabreros la herida.

—Señor— dijo el cabrero—. Yo haré una medicina que le curará.

Cogió el cabrero unas hojas de romero. Las masticó y le añadió un poco de sal. La aplicó a la oreja de don Quijote y la vendó muy bien.

TERCERA PARTE

Capítulo XI

El desgraciado encuentro de don Quijote con unos arrieros

Por la mañana se despidieron don Quijote y Sancho de los pastores y tomaron el camino que traían.

Pasadas dos horas pararon en un prado lleno de hierba fresca. Junto al prado había un arroyo de aguas tranquilas y frías. Decidieron echar la siesta pues estaban cansados.

Se bajaron don Quijote de Rocinante y Sancho de su asno y los dejaron libres para que comieran. Mientras ellos sacaron las alforjas para comer.

Había en aquel prado una manada de yeguas propiedad de unos arrieros, que igual que don Quijote y Sancho estaban echando la siesta. Rocinante al ver las yeguas quiso divertirse con ellas. Pero las yeguas tenían más ganas de comer que de otra cosa y recibieron al caballo dando bocados y patadas. Así que de una patada quedó Rocinante sin silla. Tanto alboroto hicieron que despertaron a los arrieros. Dos arrieros tomaron unos palos y fueron hacia Rocinante con malas intenciones. Comenzaron a golpearlo hasta que el pobre caballo cayó al suelo.

En esto que don Quijote y Sancho vieron la paliza que daban a Rocinante y fueron corriendo hasta donde el caballo estaba, para evitar que lo mataran.

—Sancho— dijo don Quijote—. Estos no son caballeros, así que puedes ayudarme a vengar a Rocinante.

— ¿Venganza mi señor?— respondió Sancho—. Si ellos son más de veinte y nosotros solo dos.

— ¡Yo valgo por más de cien!— gritó don Quijote.

Y diciendo esto sacó su espada y arremetió contra los arrieros. Sancho Panza hizo lo mismo. Dio don Quijote una cuchillada a uno que le rasgó toda la ropa de la espalda.

Vieron los arrieros que sus dos compañeros eran atacados y vinieron con palos y comenzaron a golpear a don Quijote y a Sancho con mucha fuerza. Los dos cayeron al suelo junto al caballo.

Los dos hombres estaban muy mal heridos por lo que los arrieros cogieron todas sus cosas y huyeron, dejando a don Quijote, Sancho y a Rocinante tirados en el suelo.

— ¡Señor don Quijote! ¡Señor don Quijote! — dijo Sancho dolorido.

— ¿Qué quieres hermano? — respondió don Quijote.

— ¿Puede usted moverse? — preguntó Sancho.

— No lo sé — respondió don Quijote. — De esta desgracia yo tengo la culpa amigo Sancho. Pues no debo entrar en batalla con gente que no sean caballeros. Pues mira lo que nos han hecho.

— ¿Sabe lo que le digo señor? — dijo Sancho —. Que soy hombre pacífico y que jamás volveré a entrar en pelea, ni contra villano ni contra caballero.

— No digas eso amigo Sancho — respondió don Quijote —. Pues no sabes lo que te depara el futuro. Serás gobernador de una isla, o rey. Y un rey tiene que entrar muchas veces en batalla. Y ahora saca fuerzas y mira cómo está Rocinante.

Se levantó Sancho y puso de pie a Rocinante que estaba muy mal herido. Recogió las armas y ayudó a don Quijote a levantarse sentándolo sobre su asno. Se dirigieron hacia el camino. La suerte quiso que en menos de una hora encontraran una posada que a los ojos de don Quijote era un castillo. Sancho decía que era una posada y don Quijote que era un castillo, y así discutiendo llegaron a la puerta.

— *¡Yo valgo por más de cien!* — *gritó don Quijote.*

Capítulo XII

Lo que le ocurrió a don Quijote en una posada que el imaginaba que era un castillo

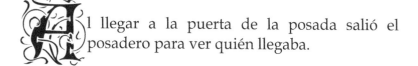l llegar a la puerta de la posada salió el posadero para ver quién llegaba.

Al ver el posadero a don Quijote tan herido preguntó qué pasaba. Sancho le respondió que no era nada. Que su señor había caído de una peña y se había roto las costillas.

Tenía el posadero una esposa que al ver a don Quijote salió a curarlo. Le ayudaba una hija, muy joven y guapa. También había en la venta una criada llamada Maritornes. Maritornes era tuerta y fea, sin embargo tenía un cuerpo bonito.

Hicieron las mujeres la cama a don Quijote en un pajar. La cama de don Quijote era incómoda, estaba hecha con cuatro tablones sobre dos bancos y el colchón era viejo y estaba roto. Dormía también en el pajar un arriero con una cama mejor que la de don Quijote.

Se acostó don Quijote en esta fea cama y la posadera y su hija le curaron y vendaron las heridas mientras Maritornes les ayudaba.

—Señor está usted lleno de golpes— dijo la posadera.

—No son golpes— respondió Sancho—. Sino que la peña tenía muchas piedras y todas golpearon a mi señor. Y, señora, cuando termine con mi amo cúreme también a mí.

— ¿También cayó usted?— preguntó Maritornes.

—No señora, — respondió Sancho— que del susto de ver a mi amo caer me duele todo el cuerpo.

—Puede ser— dijo la posadera—. Que alguna vez yo he soñado que caía y al despertarme me dolía mucho la espalda. ¿Y cómo se llama este caballero?

—Don Quijote de la Mancha— respondió Sancho— , y es caballero andante.

—¿Qué es caballero andante? — preguntó Maritornes.

—Pues es una cosa — contestó Sancho— que un día mi señor es apaleado y otro día será rey o gobernador. Y tendrá un reino que regalar a su escudero.

— ¿Y no tenéis ya un reino?— preguntó Maritornes.

—Todavía no, — dijo Sancho—. Es pronto, solo llevamos un mes buscando aventuras.

Don Quijote escuchaba estas conversaciones, se sentó en la cama y cogiendo de la mano a la posadera dijo:

—Gracias señora por alojarme en vuestro castillo. Gracias por curarme, soy vuestro servidor.

La posadera, su hija y Maritornes no entendieron nada de lo que don Quijote decía. Le agradecieron su ofrecimiento y lo dejaron que descansara. Luego Maritornes curó a Sancho.

Maritornes y el arriero que dormía junto a don Quijote tenían una cita. Habían quedado para acostarse juntos. Cuando todo el mundo durmiera Maritornes iría a la cama del arriero.

Aquella noche en el pajar nadie dormía. Don Quijote y Sancho porque les dolían las heridas, el arriero porque esperaba a Maritornes. Todo estaba en silencio.

Don Quijote imaginaba historias de caballerías. Imaginaba que estaba en un castillo y que la princesa del castillo estaba enamorada de él. Mientras pensaba en estas cosas, Maritornes entro en el pajar y fue a buscar al arriero. Al oír don Quijote los pasos se sentó en la cama y cogiendo a Maritornes de la mano la sentó junto a él. Entonces dijo en voz baja:

—Señora princesa, quisiera poder satisfacer el favor que me hace, pero no puedo. Estoy herido y además debo fidelidad a mi enamorada doña Dulcinea del Toboso.

Maritornes no entendía nada de lo que decía don Quijote. De repente el arriero que estaba escondido junto a la cama de don Quijote le dio un gran puñetazo. Subió sobre él y comenzó a darle patadas en las costillas.

La cama se rompió y el posadero que oyó el ruido subió al pajar pues sabía que Maritornes siempre creaba problemas en la posada.

—¿Adónde estás, mala mujer? Seguro que tú eres la causa de esta pelea— gritó el posadero.

Maritornes fue a esconderse en la cama de Sancho. Sancho al notar a otra persona en su cama pensó que le atacaban y comenzó a golpear a Maritornes y Maritornes a golpear a Sancho. El arriero fue a ayudar a Maritornes. Todos se daban golpes: Sancho a Maritornes, Maritornes a Sancho, el arriero a Sancho y el posadero al arriero. El ruido que armaban despertó a toda la posada.

Aquella noche dormía en la posada un alguacil de Toledo. Al oír el ruido de la pelea fue al pajar y dijo:

—¡Alto a la justicia!

Al primero que se encontró fue a don Quijote que estaba tendido en la cama y no se movía. Al verlo el alguacil pensó que estaba muerto.

—¡Cierren la puerta de la posada!— gritó el alguacil— ¡Aquí han matado a un hombre!

Al oír esto todos se asustaron y fueron a esconderse. Menos don Quijote y Sancho que no podían moverse. Fue el alguacil a buscar una luz porque no podía ver nada.

Despertó don Quijote y llamó a Sancho:

—Sancho amigo, ¿dónde estás?

—Estoy aquí— respondió Sancho.

— ¿Duermes amigo?— preguntó don Quijote.

— ¿Cómo voy a dormir? Si parece que los diablos han venido a visitarme esta noche— respondió Sancho.

—Así es amigo Sancho— dijo don Quijote— porque este castillo está encantado. Voy a contarte una cosa. Pero tienes que jurar que no lo contarás a nadie.

—Lo juro— dijo Sancho.

—Esta noche ha ocurrido la aventura más extraña de todas. Vino a mi cama la más hermosa princesa. Cuando estaba hablando con ella me golpeó en la cara el brazo de un gigante. Y luego se subió sobre mí y me dio muchas patadas.

—Señor— dijo Sancho— yo también he sido golpeado. Creo que por más de cuatrocientos moros.

—No te preocupes amigo— dijo don Quijote— haré el bálsamo de Fierabrás y nos curaremos.

En esto entró el alguacil en la habitación con un candil en la mano. Sancho al verlo dijo a don Quijote:

—Señor, aquí está otra vez uno de los moros encantados que vuelve para pegarme.

— No puede ser el moro—dijo don Quijote—. Los moros encantados no pueden verse.

El alguacil al ver a don Quijote tendido en la cama pero hablando con Sancho le preguntó:

— ¿Cómo está usted buen hombre?

— ¿Así se le habla a un caballero, idiota?

Al ser llamado idiota, el alguacil se enfadó y dio a don Quijote un gran porrazo con el candil en mitad de la cabeza. Todo quedó a oscuras y se fue. Sancho dijo:

— Sin duda señor, este es el moro encantado.

— Así es— respondió don Quijote—, y no hay que hacer caso de estas cosas, pues no podemos vengarnos de los encantados, si los atacas se vuelven invisibles. Levántate Sancho y llama al señor del castillo. Dile que te dé aceite, vino, sal y romero para hacer el bálsamo de Fierabrás.

Se levantó Sancho de la cama con mucho dolor en su cuerpo y fue a buscar al posadero. El posadero le dio todo lo que le pedía Sancho. Llevó todo al pajar y don Quijote los mezcló, machacó y coció en una olla.

En cuanto el bálsamo estuvo terminado don Quijote bebió un gran trago. En cuanto bebió comenzó a vomitar. Después se sintió mareado y se acostó. Durmió más de tres horas. Cuando despertó no le dolía nada, por lo que pensó que el bálsamo era milagroso.

Sancho al verlo levantarse tan contento también quiso probar el bálsamo. Don Quijote le dió lo que quedaba en la olla. La cara de Sancho se puso blanca, comenzó a marearse y sudar, creyó incluso que se moría. Entonces maldijo al bálsamo. Don Quijote al oírlo le dijo:

—Sancho, todo esto te pasa porque no eres caballero.

— ¿Y por qué me dejó que bebiese?

Comenzó Sancho a vomitar y a sudar, tanto que don Quijote pensó que llegaba su muerte. Dos horas después se sintió mejor pero apenas podía andar. Don Quijote en cambio estaba lleno de energía y quería ir en busca de nuevas aventuras. Así que fue a buscar a Rocinante y al asno. Luego ayudo a Sancho a vestirse y a montar.

Capítulo XIII

Lo que le ocurrió a Sancho al salir de la posada encantada

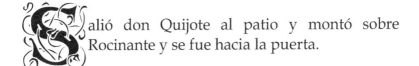alió don Quijote al patio y montó sobre Rocinante y se fue hacia la puerta.

Delante de la puerta le esperaba el posadero, la posadera y Maritornes. Cuando llegó don Quijote le dijo al posadero:

—Señor, gracias por sus atenciones. Os lo agradeceré siempre. Puedo pagaros matando a algún enemigo vuestro.

—Señor caballero —respondió el posadero—, no necesito venganzas, necesito que me pague lo que me debe por lo que ha gastado en mi posada.

— ¿Esto es una posada? — preguntó don Quijote.

—Sí señor, y muy honrada— respondió el posadero.

— ¿Entonces he sido engañado?— dijo don Quijote—. Yo pensaba que esto era un castillo. Me tenéis que perdonar la paga. Pues los caballeros andantes nunca pagamos cuando estamos en un castillo.

—Págueme lo que me debe— dijo el posadero—. Y déjese de cuentos de caballerías.

— ¡Sois vil y mal posadero! — dijo don Quijote.

Y salió por la puerta de la venta sin que el posadero pudiera detenerlo.

El posadero, que lo vio irse sin pagar, fue a buscar a Sancho. Y le dijo:

—Si tu amo no quiere pagar tendrás que pagar tú.

— No señor, las leyes de caballerías dicen que los escuderos no pueden pagar cuentas.— respondió Sancho.

— Pues entonces tendrás que dejar aquí algo de valor— dijo el posadero.

Mientras decían esto, había en la posada un grupo de jóvenes, buenas personas pero bromistas y juguetones. Bajaron entre todos a Sancho del asno y uno de ellos trajo una manta de la posada. Echaron a Sancho sobre la manta y comenzaron a lanzarlo por los aires. Sancho comenzó a gritar y a pedir ayuda. Don Quijote lo oyó y dio la vuelta pero no pudo ayudarlo, las puertas de la posada estaban cerradas.

Volaba Sancho tan alto que don Quijote podía verlo desde fuera de la posada. Cuando se cansaron pusieron al pobre Sancho sobre su asno y Maritornes le dio un vaso de agua. Y así dolorido y mareado salió Sancho de la posada, sin saber que mientras lo manteaban el posadero le robó las alforjas donde guardaba la comida y el dinero.

Volaba Sancho tan alto que don Quijote podía verlo desde fuera de la posada.

Capítulo XIV

La aventura de don Quijote y los rebaños

alió Sancho de la posada mareado y dolorido, tenía la cara blanca como la pared y parecía que iba a morir.

Don Quijote al verlo así le dijo:

— Amigo Sancho, no tengo duda, este castillo está encantado. Porque los que te lanzaban por el aire eran fantasmas — dijo Don Quijote.

—No eran fantasmas señor, eran hombres— respondió Sancho —. Estoy herido y mareado, creo que deberíamos volver a casa. Las aventuras que buscamos solo nos traen desventuras, señor.

— ¡Qué poco sabes, Sancho! —respondió don Quijote—. Calla y ten paciencia. Verás como pronto ganaremos una batalla.

— Así debe ser— respondió Sancho —. Pero desde que somos caballeros andantes sólo hemos ganado palos y heridas.

Hablando estaban estas cosas cuando don Quijote vio una gran polvareda que venía hacia ellos, se volvió a Sancho y le dijo:

— ¡Oh Sancho! Es nuestro día de suerte. ¿Ves esa polvareda? Pues es un ejército que viene hacia nosotros.

— Son dos, mi señor— dijo Sancho—, que desde el otro lado viene otra.

Vio don Quijote que era verdad, y pensó que eran dos ejércitos que iban a luchar. En realidad la polvareda la levantaban dos grandes rebaños de ovejas que venían por el camino.

— Señor, ¿qué hacemos?— preguntó Sancho.

— ¿Pues qué vamos a hacer?, Sancho— respondió don Quijote— ayudar al menos numeroso. Tienes que saber que el que viene de frente es el emperador Alifanfarón, señor de la isla Trapabona. Y que el otro es su enemigo, el rey Pentapolén del Arremangado Brazo.

— Y ¿por qué pelean señor?— preguntó Sancho.

— Porque Alifanfarón quiere casarse por la fuerza con la hija de Pentapolén. Y ni la hija quiere casarse, ni el padre quiere que se case.

— ¡Pues yo lucharé por Pentapolén!— gritó Sancho.

—Haces bien, Sancho— dijo don Quijote—, porque para entrar en batalla no hace falta ser caballero. Pero antes amigo, veamos qué caballeros trae cada ejército.

Subieron don Quijote y Sancho a una pequeña loma. Desde allí don Quijote fue describiendo qué caballeros venían y cómo eran sus escudos y armas. Pero Sancho no podía ver nada. Y dijo:

— Señor, yo no veo a ningún caballero. ¿Estarán los ejércitos encantados como en la posada?

— ¿Cómo dices eso?— respondió don Quijote—. ¿No oyes a los caballos y los tambores?

— Sólo oigo balidos de ovejas— respondió Sancho.

— El miedo que tienes— dijo don Quijote— te hace, Sancho que no oigas nada. Apártate a un lado y déjame solo, que yo solo puedo ganar esta batalla.

Y diciendo esto se lanzó con Rocinante hacia el rebaño. Sancho que vio las ovejas comenzó a gritar:

— ¡Señor don Quijote! ¡Pare que no son caballeros! ¡Pare que son ovejas!

Entró don Quijote en medio del rebaño y comenzó a golpear a las ovejas con la lanza. Los pastores que venían con las ovejas gritaban para que parara. Como don Quijote no hacía caso empezaron a tirarle piedras.

Una gran piedra le golpeó las costillas y estuvo a punto de caer al suelo. Sacó don Quijote el bálsamo para beber un poco, pero otra piedra le dio en la mano. La piedra rompió la botella del bálsamo y le arrancó a don Quijote cuatro dientes de la boca.

Cayó don Quijote al suelo. Los pastores creyeron que estaba muerto. Recogieron las ovejas muertas y muy rápido se fueron.

Corrió Sancho hasta donde estaba don Quijote y lo encontró tirado y con la boca llena de sangre. Entonces dijo:

— Señor, le dije que eran rebaños de ovejas.

—Fue Frestón, ha transformado a los ejércitos en ovejas—dijo don Quijote—. Sube a la loma y verás como otra vez son hombres. Pero antes ayúdame y mira cuantos dientes me faltan. Creo no me ha quedado ninguno en la boca.

Miró Sancho la boca de su amo y vio que estaba herido. Fue hacia el asno a buscar en las alforjas alguna medicina para curar a don Quijote. Y no las encontró, se dio cuenta que se las habían robado. En ese momento decidió dejar de ser escudero y volver a casa.

Don Quijote se levantó y vio que su escudero estaba pensativo y triste, le dijo:

— No te preocupes Sancho, que todo lo malo ha pasado ya. A partir de hoy solo nos ocurrirán cosas buenas.

— Pues esta mañana me mantearon y ahora me faltan las alforjas— respondió Sancho.

— ¿Que te faltan las alforjas, Sancho?— dijo don Quijote.

— Sí que me faltan— respondió Sancho.

— Entonces, ¿hoy no tenemos nada para comer?— preguntó don Quijote. —No te preocupes, Sancho. Sube a tu asno y ven conmigo. Dios nos ayudará.

— Así lo haré. Y ahora busquemos un sitio para pasar la noche— dijo Sancho.

— ¡Señor don Quijote! ¡Pare que son ovejas!

Capítulo XV

El yelmo de Mambrino

Llevaban un rato caminando cuando vieron a un hombre que venía por el camino montado en un burro.

Aquel hombre venía de viaje porque llevaba algunos bultos en el burro.

—Sancho, estamos de suerte — dijo don Quijote.— Ya te dije que Dios nos dará lo que necesitemos.

—¿Por qué señor? — preguntó Sancho.

—Mira ese caballero que viene por el camino —dijo don Quijote — ¿Ves eso que brilla tanto y que trae atado al caballo? Ese es el yelmo del rey moro Mambrino. Es de oro puro y es mágico. Hace fuerte al caballero que lo lleve.

—Señor, mire bien — respondió Sancho — Ese hombre que viene por el camino no es un caballero. Es un hombre montado en un burro. Y eso que brilla tanto es una palangana de barbero. Así que ese hombre es un barbero.

—¿Una palangana?¿Un barbero? Que poco sabes Sancho — dijo don Quijote —¡Apártate!

Y diciendo esto atacó al barbero con la lanza mientras gritaba:

—¡Dame ese tesoro si no quieres morir!

El barbero al verlo dio un salto del burro y salió corriendo. Dejó allí al burro y todas las cosas que llevaba. Don Quijote mandó a Sancho que le diera la palangana. Sancho cogió la palangana y dijo:

—Señor es una palangana y muy buena.

Don Quijote se lo puso en la cabeza y dijo:

—El rey Mambrino tenía una gran cabeza porque este yelmo me queda grande. Pero no te preocupes Sancho con este yelmo en mi cabeza soy invencible.

Sancho empezó a mirar el burro y las cosas del barbero y dijo:

—¿Qué hacemos con el burro y todas la cosas del barbero…caballero?

—No podemos quedarnos con ellas— respondió don Quijote—. Las leyes de caballería dicen que no puedo quedarme con la cosas de un caballero vencido. Así que, Sancho, deja el caballo que su dueño volverá a por él.

—Pero señor ¿puedo ver si lleva comida?— preguntó Sancho.

—Si, puedes mirar y coger la comida que lleve— respondió don Quijote.

Sancho con permiso de don Quijote cogió la comida y el vino que llevaba el barbero. Comieron tranquilamente y siguieron el camino.

— *Sancho, con este yelmo en mi cabeza soy invencible.*

Capítulo XVI

La aventura de los galeotes

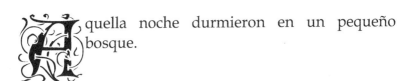quella noche durmieron en un pequeño bosque.

Por la mañana muy temprano continuaron el camino. Llevaban una hora caminando cuando vieron venir por el camino a unos hombres. Unos iban a caballo y otros iban a pie. Los que iban andando llevaban cadenas en los pies y las manos. Y los que iban a caballo llevaban armas.

Sancho los vio y dijo:

— Mi señor, es mejor que vayamos por otro camino.

— ¿Por qué amigo Sancho? — preguntó don Quijote.

— Esa gente que viene por el camino son presos — contestó Sancho —. Son gente mala, ladrones y violadores y van a cumplir condena a algún barco. Esa gente será obligada a remar en alguno de los barcos del rey.

— ¿Son condenados Sancho?—preguntó don Quijote.

— Sí, señor— contestó Sancho.

— ¿Esa gente encadenada va obligada, no por su voluntad?— preguntó don Quijote.

— Así es, señor— contestó Sancho.

— Entonces tengo que ayudarles— dijo don Quijote.

— Mi señor, no. Esa gente es gente mala y está condenada por algún delito— dijo Sancho.

— Mi oficio es ayudar a los que lo necesitan y ellos me necesitan— dijo don Quijote.

Don Quijote se acercó al primero de los presos y le preguntó:

— ¿Tú porque vas encadenado y preso?

— Señor voy a galeras dos años por enamorado— contestó el preso.

— ¿Sólo por eso?— preguntó don Quijote.

— Pero no por amor a una mujer, estoy condenado por amor a lo que no es mío— contestó el preso.

Don Quijote preguntó lo mismo al preso que iba detrás. Pero el preso no contestó. El preso que iba primero dijo:

— Este está condenado por cantante.

—¿Por cantante? — preguntó don Quijote—. ¿También van a galeras los cantantes?

— Si, por cantar que era ladrón de caballos— contestó el preso.

Y así don Quijote preguntó a todos. Al final de la cadena venía un preso con más cadenas que los otros. Don Quijote preguntó al guardia:

— ¿Por qué lleva ese preso más cadenas?

— Porque ese es el famoso Ginés de Pasamonte— dijo el guardia—. Tiene más delitos que los otros y es muy peligroso.

— ¿Y cuánto tiempo está condenado?— preguntó don Quijote.

— A diez años en galeras— contestó el guardia.— Diez años en galeras es lo mismo que la muerte.

Don Quijote se apartó a un lado y después de pensar un rato dijo:

— Queridos hermanos, sé que vais obligados a galeras. Y es mi obligación liberaros. Así que pido a vuestros guardias que os dejen en libertad.

— ¡Déjenos en paz!— dijo uno de los guardias—. ¡Y deje usted de decir tonterías!

—¿Tonterías? Ahora verás— dijo don Quijote.

Y diciendo esto, don Quijote atacó al guardia con la lanza. Lo tiró del caballo. Los otros guardias atacaban a don Quijote. Mientras Sancho cogió las llaves del guardia que estaba en el suelo. Y comenzó a liberar a los presos. Sancho soltó las cadenas de Ginés de Pasamonte. Cuando los guardias vieron a Ginés libre salieron corriendo.

— Vámonos de aquí, señor— dijo Sancho a don Quijote—. Los guardias van a avisar a los alguaciles y nos meterán en la cárcel.

— Sí, Sancho, vamos a escondernos— dijo don Quijote—. Pero antes tengo que hablar con estos hombres.

Subió don Quijote a unas piedras y dijo:

—Señores, para pagarme lo que he hecho tenéis que ir al Toboso a hablar con mi señora Dulcinea.

— Eso es imposible— dijo Ginés.

—¿Por qué es imposible?— dijo don Quijote.

—Porque si vamos todos juntos nos apresarán— respondió Ginés.

—¡Desagradecido! Irás tú solo —gritó don Quijote—. Cargando con las cadenas.

Ginés de Pasamonte vio que don Quijote quería volver a ponerle las cadenas y comenzó a tirarle piedras. Los otros presos también tiraban piedras a Sancho. Arrojaban las piedras con tanta fuerza que los tiraron al suelo.

Cuando Sancho despertó vio que se habían llevado su asno.

— ¿Qué ocurre Sancho? — preguntó don Quijote.

— Señor, me han quitado mi asno— respondió Sancho.

— No te preocupes Sancho— dijo don Quijote—. Cuando volvamos a casa te daré dos asnos. Y ahora ayúdame a subir a Rocinante.

Ayudó Sancho a don Quijote a subir sobre Rocinante. Y don Quijote a caballo y Sancho andando fueron a esconderse a Sierra Morena.

Capítulo XVII

La penitencia de Sierra Morena

Es Sierra Morena un sitio muy inhóspito. Cuando un criminal quiere huir de la justicia se esconde en Sierra Morena.

La sierra está llena de profundos valles y cuevas donde esconderse.

Así don Quijote y Sancho llegaron a Sierra Morena. Don Quijote estaba contento. Aquél era un buen sitio para encontrar aventuras. Dijo:

— Sancho, aquí encontraremos la gloria.

— Eso espero mi señor.

Diciendo eso estaban cuando Rocinante chocó con algo que había en el suelo. Era una maleta que estaba enterrada. Sancho la abrió. En el interior de la maleta había un libro, una camisa y muchas monedas de oro.

— Teníais razón señor, en esta aventura hemos encontrado algo bueno— dijo Sancho.

Don Quijote pidió el libro a Sancho y le dijo que guardara las monedas de oro.

Llegaron a un pequeño bosque de pinos. Se sentaron y dijo don Quijote a Sancho:

— Amigo, tengo que enviarte a una misión muy importante.

— Sí señor, lo que mandéis — respondió Sancho.

—Es importante que lo hagas bien— dijo don Quijote—. Si lo haces bien acabarán mis penas y empezará mi gloria.

—¿Y qué tengo que hacer, señor?— preguntó Sancho.

—Te lo voy a explicar—respondió don Quijote—. Amadís de Gaula fue el mejor caballero andante. Y yo quiero imitarlo. Amadís se retiró a la Peña Pobre cuando fue rechazado por su señora Oriana. Yo voy a hacer lo mismo. Esta sierra es un buen lugar para hacer penitencia.

—¿Pero qué quiere hacer usted aquí?— preguntó Sancho.

— Para imitar a Amadís me haré el loco— dijo don Quijote.

— ¿Y qué razón tiene usted para volverse loco?— preguntó Sancho.

— Muchas y ninguna— respondió don Quijote.— Estaré loco hasta que vuelvas con la respuesta a la carta que escribiré para mi señora Dulcinea.

— ¿Y dónde escribirá la carta?

— Escribiré la carta en el librito que encontramos — respondió don Quijote —. Después harás que la copien en buen papel.

— ¿Y la firma señor? — preguntó Sancho.

— No te preocupes Sancho. Dulcinea no sabe leer ni escribir. Sus padres no le enseñaron porque tampoco saben. Sus padres son Lorenzo Corchuelo y Aldonza Nogales — respondió don Quijote.

— ¿Qué Aldonza Lorenzo es la señora Dulcinea del Toboso? — dijo Sancho.

— Ésa es — respondió don Quijote —. Y merece ser la reina de todo el universo.

— Yo la conozco. Es una buena mujer — dijo Sancho. —. Señor, yo pensaba que Dulcinea era una princesa.

— Para mí es más que princesa, es reina — dijo don Quijote.

Don Quijote sacó el libro que encontraron y se puso a escribir la carta. Cuando acabó llamó a Sancho. Y le dijo:

— Mira Sancho, además de la carta para Dulcinea te doy este papel, es para mi sobrina. En él le digo a ella que te regale tres burros que tengo en la cuadra, para pagarte tus servicios.

— Bien — dijo Sancho. Ahora subiré en Rocinante para irme rápido.

Don Quijote se quitó la ropa y empezó a dar saltos. Se puso cabeza abajo y comenzó a darse golpes con las piedras.

Capítulo XVIII

El cura y el barbero encuentran a Sancho Panza

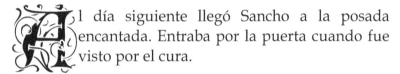l día siguiente llegó Sancho a la posada encantada. Entraba por la puerta cuando fue visto por el cura.

— Señor barbero— dijo el cura—. ¿No es ese Sancho Panza? Ese vecino que se fue con don Alonso.

— Ese es— dijo el barbero—. Y ese es el caballo de don Alonso.

Los dos fueron hacia Sancho para preguntarle por don Quijote. El cogió a Sancho por el brazo y dijo:

— Amigo Sancho Panza, ¿Dónde está don Alonso?

— No lo sé— contestó Sancho.

—¿No lo sabes? Pues ese es su caballo— dijo el barbero. — Si no nos dices donde está, diremos a los alguaciles que lo has matado para robarle.

— Yo no he matado a nadie— dijo Sancho—. Don Alonso está en la sierra haciendo penitencia.

Luego les contó todo. Todas las aventuras y que llevaba una carta al Toboso para Dulcinea.

El cura y el barbero quedaron admirados por lo que Sancho les contaba. Pidió el cura la carta a Sancho porque quería leerla. Sancho empezó a buscarla pero no la encontró. No podía encontrarla porque la carta se quedó en la sierra con don Quijote.

Sancho se quedó pálido. Luego empezó a darse golpes. El cura y el barbero le preguntaron qué pasaba.

— Con la carta venía un papel donde don Alonso me regalaba tres burros— dijo Sancho.

— No te preocupes Sancho— dijo el cura—. Don Alonso te regalará los tres burros.

Después de comer, el cura y el barbero pensaron un plan para llevar a don Alonso a casa. El barbero se vestiría de princesa y el cura de escudero. Irían a buscar a don Quijote. Le pedirían a don Quijote que liberara su reino de un gigante.

A todos les pareció bien el plan. Compraron en la posada un vestido viejo y el barbero hizo con pelo de caballo una gran barba. Se la puso el cura y así todos salieron a buscar a don Quijote.

CUARTA PARTE

Capítulo XIX

La princesa Micomicona

l día siguiente llegaron a la sierra. Sancho fue a buscar a don Quijote y el cura y el barbero esperaban cerca de un río.

En ese momento llegó a sus oídos una dulce canción. Era un muchacho que cantaba mientras lavaba sus pies en el río. Llevaba el muchacho una gorra y se la quitó. Su pelo era rubio y largo. Entonces descubrieron que no era un muchacho, era una mujer. Era la mujer más bella que habían visto jamás.

Salieron el cura y el barbero a hablar con la muchacha. Ella al verlos salió corriendo pero cayó al suelo. El cura la recogió del suelo y le dijo:

—Señora, no tenemos intención de hacerte daño. ¿Cómo te llamas?

—Mi nombre es Dorotea— contestó la muchacha.

El cura y el barbero estuvieron un rato hablando con Dorotea. Le contaron la historia de don Alonso y por qué estaban allí y la idea que tenían para llevar a don Quijote a casa. A Dorotea también le gustaban los libros de caballerías. Dorotea les dijo que ella haría de princesa mejor que el barbero. De una bolsa que tenía sacó un bonito vestido y se lo puso.

Entonces oyeron a Sancho que volvía.

— Sancho, ¿has encontrado a don Alonso?— preguntó el cura.

— Sí, mi señor está en aquellas rocas— contestó Sancho—. Está desnudo, flaco y muerto de hambre.

— ¿Y quién es esta hermosa señora?— preguntó Sancho al ver a Dorotea.

— Es la princesa Micomicona del reino Micomicón— contestó el cura—. Va a pedir a don Quijote que mate a un gigante que ha robado su reino.

Subieron a Dorotea en el caballo del cura y el barbero se puso la barba. Después encontraron a don Quijote. Don Quijote estaba vestido pero no llevaba la armadura. Cuando Dorotea lo vio se puso de rodillas delante de él. Y dijo:

—Oh valiente caballero, necesito un favor vuestro.

— ¿Y qué favor es ese señora?— preguntó don Quijote.

— Un gigante ha robado mi reino— dijo Dorotea—
. Mi reino es el reino Micomicón.

— ¡Malvado!—dijo don Quijote—. Recuperaréis
vuestro reino señora, con la ayuda de Dios y de mi
espada. Y vámonos ya.

Así tomaron el camino de regreso.

Capítulo XX

Las mentiras de Sancho

orotea contó a don Quijote una historia inventada.

Le contó que llevaba mucho tiempo buscando a un caballero andante para salvar su reino. Y que por fin lo había encontrado. Le dijo que si liberaba su reino se casarían y que don Quijote sería rey.

— ¿Qué te dije Sancho? — dijo don Quijote—. Ya tenemos un reino.

Sancho daba saltos de alegría. Imaginaba que iba a ser gobernador. Pero don Quijote estaba triste y dijo:

— Señora por desgracia yo no puedo casarme. Pues estoy enamorado de mi señora Dulcinea del Toboso.

— Pero señor don Quijote— dijo Sancho—. ¿No es más bella la princesa Micomicona que Dulcinea? Cásese señor y hágame gobernador.

Don Quijote al oír esto se volvió a Sancho y le golpeó con la lanza en la cabeza. Sancho se puso detrás de Dorotea y dijo:

— Cásese con esta princesa y después puede volver a estar enamorado de Dulcinea.

— Por cierto— dijo don Quijote—. No te he preguntado por lo que pasó con la carta que te di para Dulcinea. ¿Dónde estaba ella? ¿Qué hacia? ¿Qué dijo cuando le diste la carta?

— Cuando llegué a su casa ella limpiaba la cuadra de los cerdos— dijo Sancho.

— ¿Cómo cerdos?— dijo don Quijote—. Dirás que estaba haciendo un collar de perlas. ¿Qué hizo cuando le diste la carta?

—Me dijo que dejara la carta sobre un saco. No podía leer la carta hasta que no terminara de limpiar… de hacer el collar.

— ¡Bella señora! Eso es para leerla despacio— dijo don Quijote—. ¿Te preguntó por mí?

—Si— contestó Sancho—. Y yo le dije que usted estaba haciendo penitencia.

— ¿Sabes Sancho? Estoy maravillado— dijo don Quijote—. ¿Cómo es posible que fueras y volvieras del Toboso en solo tres días cuando se tardan seis? Ah ya sé, algún mago amigo mío te ha llevado por los aires.

— Si, fui por los aires, señor—, contestó Sancho.

Entonces el barbero y el cura querían parar a comer. Terminaron de comer y continuaron el camino.

Capítulo XXI

La posada encantada y los cueros de vino

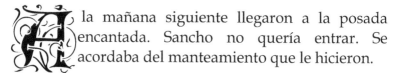la mañana siguiente llegaron a la posada encantada. Sancho no quería entrar. Se acordaba del manteamiento que le hicieron.

Salió el posadero a recibir a don Quijote. Don Quijote al verlo le dijo:

— Señor posadero, ya sé que esto no es un castillo, esto es una posada. Prepáreme una cama pero mejor que la de la otra vez.

— Señor caballero— dijo el posadero—. Si usted paga tendrá mejor cama que un príncipe.

— Pagaré— dijo don Quijote.

Prepararon las criadas una cama y don Quijote se acostó. Estaba muy cansado después de la penitencia.

Dorotea, Sancho, el cura y el barbero se fueron a cenar. Después de la cena Sancho fue a ver a don Quijote. Volvió Sancho corriendo y decía gritando:

— ¡Ayuda! ¡Ayuda! Mi señor está peleando con un gigante.

Fueron todos a la habitación y oyeron mucho ruido y a don Quijote gritar:

— ¡Malvado! ¡Aquí morirás!

Se oía a don Quijote luchando con alguien. Sancho les dijo:

— Ayuden a mi señor. Aunque el gigante ya está muerto. El suelo está lleno de sangre y he visto su cabeza tirada en el suelo.

Entraron todos corriendo y vieron a don Quijote en camisón. Llevaba la espada en la mano y en la cabeza el yelmo de Mambrino. Daba cuchilladas al aire como si peleara con un gigante. Pero en realidad peleaba con unos cueros de vino. Los había roto y el vino corría por el suelo. El posadero también entró en la habitación y cuando vio lo que pasaba gritó:

— ¡Maldito diablo! Esos no son gigantes. Son mis cueros de vino.

Y diciendo esto comenzó a pegar a don Quijote, para que se despertara.

— No encuentro la cabeza del gigante. Yo mismo vi como la cortaba y que salía sangre como una fuente— dijo Sancho.

—¿Qué sangre idiota? ¿No ves que la sangre es el vino tinto de mis cueros?— dijo el posadero.

El cura cogió a don Quijote de las manos y le quitó la espada. Don Quijote al ver al cura se puso de rodillas y dijo:

— Señora ya he matado al gigante. Ya puede vivir tranquila en su reino.

Todos reían con las locuras de don Quijote menos el posadero que miraba sus cueros rotos y tirados por el suelo. El barbero y el cura metieron a don Quijote en la cama y volvió a dormirse, estaba muy cansado después de la batalla.

– ¡Malvado! ¡Aquí morirás!

Capítulo XXII

Don Quijote regresa a casa

la mañana siguiente llegaron a la posada cuatro jinetes. Eran alguaciles y venían buscando a don Quijote.

Querían llevarlo a la cárcel por liberar a los galeotes. Llegaron al patio de la posada y preguntaron por el posadero. El cura oyó todo y dijo al jefe de los alguaciles:

— Señor, ¿a quién buscáis?

— Buscamos a un hombre llamado don Quijote— dijo el alguacil.— Tenemos que llevarlo a la cárcel.

— Está aquí— dijo el cura—. Es amigo mío. ¿De qué se le acusa?

El alguacil dio al cura unos papeles. Esos papeles eran la orden de detención de don Quijote. Le acusaban de liberar a los galeotes, de robar a un barbero y de herir a un hombre. Al leer el cura esto dijo al jefe de los alguaciles:

— Señor, mi amigo se llama don Alonso Quijano. Don Alonso está muy enfermo. Ha perdido la cabeza. Piensa que es un caballero andante. Si lo lleváis a la cárcel morirá. ¿Podemos llegar a un acuerdo?

El jefe de los alguaciles pensó un poco y dijo:

— Está bien señor cura, vamos a sentarnos y cuénteme toda la historia.

Los dos hombres se sentaron y estuvieron hablando más de una hora. Llegaron a un acuerdo. No llevarían a don Quijote a la cárcel si el cura llevaba a don Alonso a su casa para curarse.

Alquilaron una carreta con dos bueyes y sobre la carreta construyeron una jaula. Todos se disfrazaron de fantasmas y entraron en el dormitorio de don Quijote. Ataron a don Quijote para que no se moviera. Don Quijote despertó y creyó que volaba. Creyó que era llevado al infierno por aquellos fantasmas. Como no podía moverse pensó que estaba encantado.

Metieron a don Quijote en la jaula y tomaron el camino de vuelta a casa. Sancho iba montado en Rocinante con todas las cosas de don Quijote.

Una hora después pararon para descansar. Entonces, Sancho fue a la jaula a ver cómo estaba su amo y le dijo:

— Señor, estos que vienen con nosotros no son fantasmas, son hombres.

—Son demonios Sancho— dijo don Quijote—. Tócalos y verás cómo no tienen cuerpo.

— Por Dios, los he tocado— respondió Sancho—. Este demonio de aquí está gordito y parece el barbero. Además los demonios huelen a azufre y este demonio huele a vino tinto.

— Te equivocas Sancho. Ese demonio que parece el babero no lo es— dijo don Quijote—. Estamos encantados y los demonios quieren confundirnos.

— Señor no está usted encantado, está engañado—, dijo Sancho.

Y diciendo esto retomaron el camino. A los seis días llegaron al pueblo de don Quijote.

Era domingo y toda la gente estaba en la calle. Todos fueron a ver a don Alonso en la jaula. Todos se asombraron al ver a don Alonso tan mal. El barbero fue a avisar al ama y a la sobrina. Las dos vieron a don Alonso y empezaron a maldecir los libros de caballerías.

Lo bajaron de la jaula y lo llevaron a su habitación. Lo desnudaron, lo lavaron, le dieron de comer y se quedó dormido. El cura le dijo a la sobrina que cuidase mucho de su tío y que mantuviera las puertas cerradas para que no volviera a escaparse. Dijo que llamarían a un médico para sanar a don Alonso de esa locura.

Sancho volvió a su casa. Allí estaban su mujer María Gutiérrez y sus hijos. Cuando María avió entrar a Sancho dijo:

— Gracias, Dios mío. Cuéntame. ¿Qué has ganado? ¿Eres gobernador? ¿Traes vestidos o zapatos? ¿Cómo está nuestro burro?

— No traigo ni vestidos, ni zapatos, ni joyas, ni burro. Traigo algo más importante. He visto cosas que nunca había visto y he vivido mil aventuras. Y además esto.

Sancho dio a María una bolsa de tela. La mujer la abrió y vio con alegría que estaba llena de monedas de oro.

Continuará…

Lo metieron en la cama y se quedó dormido.

CPSIA information can be obtained
at www.ICGtesting.com
Printed in the USA
LVHW091149270520
656682LV00005B/1155